DISCOVRS PRODIGIEVX DE CE QVI EST ARRIVE en la Comté d'Auignon.

Contenant tant le Deluge, degast des eaux, & feu tombé du Ciel, que les ruynes du pont de Sorgues, Bederide & Aubainien, Et autres prodiges estranges arriuez ausdits lieux, le Dimanche 21. iour d'Aoust 1616.

A PARIS.

Chez NICOLAS ROVSSET, en l'Isle du palais, vis-à-vis des Augustins.

M. DC. XVI.

Auec priuilege du Roy.

DISCOVRS SVR LE DELVGE ET PRODIGES ARRIVEZ EN la Comté d'Auignon.

Contenant tant le Deluge, degast des eaux, & feu tombé du Ciel, que les ruynes du Pont de Sorgues, Bederide, & Aubainien, & autres prodiges estranges arriuez ausdits lieux, le Dimanche vingt-vniesme iour d'Aoust mil six cens seize.

COMBIEN que les Naturalistes ont trauaillé leurs esprits, consommé le tẽps, despendu leur science en vain pour s'efforcer d'entrer dans le centre des causes & motifs des innondations, & chascun d'eux en descrire leurs opinions telle quelle : mais par les diuersitez des causes, ou essence que chascun en son particulier opine, il semble plutost entre eux estre plus comble de mensonge que de verité : tellement que nous pouuons dire auec l'equité, laissant ces fantastiques esprits en leurs opinions, que le tout depart des arrests & executions qui s'ensuyuent de la glorieuse Majesté diuine.

L'Escriture saincte, fidele tige & fondement inexpugnable de la foy, nous depcinct le Deluge vniuersel, causé pour les grands & innumerables pechez des humains, la ruine de Sodome & Gomorre abismees & du tout confondues & mises hors de la memoire des hommes pour leurs enormes & abominables vices. Lors que le Sauueur de tout le monde, par sa saincte grace, voulut retirer à soy les humains, & rachepter par la grande effusion de son sang les ames des Limbes & sauuer son peuple, les Iuifs infideles & non croyans virent trembler la terre, tenebres sur icelle, le voile du Temple s'ouurit & fendit en deux, les Morts ressusciter, prodiges estranges & que trop suffisans pour leur faire voir & recognoistre leur erreurs: Doncques ces prodiges sont & prouiennent par les pechez du peuple, & faut croire que ce sont vrayes executions & punitions diuines.

Ce moderne Deluge arriué en la Comté d'Auignon le Dimanche vingt vniesme iour d'Aoust mil six cens seize, peut faire voir à la poſterité vn des plus remarquables & ſignalez prodiges que de memoire d'homme aye eſté. Ce iour de Dimanche enuiron les quatre heures du ſoir la pluye commença à deſcendre auec ſi grande & violente force qu'il ſembloit que le ciel fuſt du tout ouuert pour encores vne autre fois ſubmerger tout l'vniuerſel monde: Au lieu appellé le Ran de Perne ſortit vn ſi violent torrent lequel s'eſtant ioinct auec la riuiere de Sorgues impetueuſement ruynerent & emporterent le pont de ladicte riuiere, hors vne arcade d'iceluy où eſtoit vne petite Chapelle dediee à Noſtre Dame que miraculeuſement fut conſeruee: Car au iugement des hommes ceſte arcade eſtoit la plus foible & plus facile & dangereuſe d'eſtre emmence, que nô pas les autres, neantmoins par la volouté diuine elle eſt demeuree en ſon entier.

Ledict lieu de Perne, villes de Bederide, Perne & Aubainien par la violence de cet impetueux Deluge, ont eſté tellement ruinees, que ceux qui paſſent maintenant ne voyent au lieu de beaux & ſuperbes baſtimens rien plus que des veſtiges, des ruines au lieu des aggreables iardins, & champs remplis de pacifiques Oliuiers, bordez des buiſſons liez auec arbres de Pommiers & Grenardiers, de Figuiers, & Amendiers, les Vignes ſi belles & ſi bien cultiuees, au lieu de ce l'on ne voit rien que grauier & ſable : Et la furie de ce Deluge a tellement diuerty les poſſeſſions, qu'à preſent difficilement pourroit on cognoiſtre le pré d'auec la vigne, la terre d'auec le vergier, le iardin d'auec la maison, vne mestairie d'auec l'autre: Bref tout a changé, tellement que c'est vn cahos & confusion.

Quel extreme regret estoit au paure pere de voir noyer ses enfans, à la femme voir perdre son mary, & elle proche d'en faire de mesme, au fils voir noyer son pere: Ce n'estoit que pleurs & gemissemens, bruits grondants & furieux du rauage des eaux, des bruits & abbattemens des maisons, de sorte que plus de dixhuict cens personnes ont esté perdus & submergez, & vn grand nombre de bestail: L'on fait estat qu'en ceste innōdation & rauage d'eaux il s'est perdu vaillant plus d'vn million d'or, tant en or, argent linges, vaisselles, d'enrees, qu'autres.

Au dessus d'Aubainien sur vn costau où

où plusieurs s'estoient sauuez pour euiter la furie de l'eau, ne laissent pas de sentir leur part des fleaux de la Majesté diuine, le feu du Ciel tomba & brusla plusieurs maisons, gasta plusieurs personnes, & s'estoit tellement enflammé que les pierres mesmes estoient consommees par cest element, de sorte que ce pauure peuple croyoit entierement estre à la fin, & que ce iour fust le dernier iour du monde. Comme ce feu poursuiuoit à brusler, & ayant violentement prins sur vn fumier proche de la maison d'vn deuot personnage, lequel apres auoir prié la Majesté diuine, posa deux Agnus Dei proche ce feu, incontinent par la volonté de Dieu il ne passa point outre, & s'amortit. Ce seroit choses trop prolixes d'escrire tout ce qui eſt arriué durant ce prodige : toutesfois ie ne veux oublier de ceſte hiſtoire remarquable que le Lundy l'endemain de ce deſaſtre, on treuua au milieu d'vn champ enuiron demi lieue de loing des maiſons par dedans les ruines & rapines des eaux qui s'eſtoient deſia eſcoulees, deux corps mors, vn d'homme & l'autre de femme, & au milieu vn petit enfant de l'aage de deux ans, que miraculeuſement auoit eſté conſerué, ſans que l'on aye peu recognoiſtre de quel lieu il eſtoit, ny qui eſtoient ſes pere & mere.

Ce diſcours arriué au vray & ſi proche de nous doit eſmouuoir nos conſciences, & nous pouſſer à la deuotion, en ſorte que nous puiſſions appaiſer l'ire de la Majeſté diuine, & le prier inceſſamment qu'il

luy plaiſe de nous faire la grace d'e-
ſtre au nombre des bienheureux.
Ainſi ſoit il.

Priuilege du Roy.

LOVYS par la grace de Dieu Roy de France & de Nauarre, A nostre Preuost de Paris, ou son Lieutenant Ciuil, & à tous nos autres Iuges qu'il appartiendra, Salut. Nostre bien amé Nicolas Rousset Libraire de nostre ville de Paris nous a faict remonstrer qu'il auroit recouuert vne copie intitulee, *Discours prodigieux de ce qui est arriué en la Comté d'Auignon, contenant le deluge, degast des eaux, & feu tombé du Ciel, & les ruynes du Pont de Sorgues, Bederide, & Aubainien, & autres prodiges estranges arriuez ausdits lieux le Dimanche vingt-vniesme iour d'Aoust mil six ceus seize:* laquelle copie le suppliant desireroit imprimer ou faire imprimer & vendre, nous requerant à ceste fin nos lettres & priuilege particulier, lesquelles luy auons volontiers octroyees. A ces causes auons audit Rousset permis & permettons par ces presentes d'imprimer, faire imprimer, vendre & distribuer la copie contenant le Discours cy dessus tant de fois que bon luy semblera, sans qu'aucun autre Libraire ne Imprimeur la puissent imprimer ne vendre sans son consentement, à peine de confiscation & tous despens, dommages, & interests. Si vous mandons que du contenu au present Priuilege vous faciez iouyr ledit Rousset, sans permettre qu'il luy soit donné empeschement au contraire, pour vn an seulement. Car tel est nostre plaisir. Donné à Paris le huictiesme iour d'Octobre l'an de grace mil six cens seize. Et de nostre regne le septiesme.

Par le Conseil,

BRIGARD.

www.ingramcontent.com/pod-product-compliance
Lightning Source LLC
LaVergne TN
LVHW012019170826
845678LV00004BA/1553
* 9 7 8 2 3 2 9 6 1 8 3 9 5 *